AF509096

Residences Memorables

De l'incomparable Heros de nôtre Siecle

ou

Representation exacte des Edifices et Jardins de Son Altesse Serenissime Monseigneur Le Prince

EUGENE FRANÇOIS

Duc de Savoye et de Piemont, Marquis de Saluffes, Chevalier de l'ordre de la Toison d'or, Premier Ministre d'Etat et Conferences de Sa Majesté Imperiale et Catholique, President de son Grand Conseil de Guerre, Generalissime de Ses Trouppes et Marechal du S.t Empire, Colonel d'un Regiment de Dragons et Vicaire General d'Italie.

Premiere Partie

Contenant les Plans, Elevations et Veües de la Maison de Plaisance de Son Altesse Ser.e Situeé dans un de fauxbourgs de Vienne.

Le Batiment a eté inventé et ordonné par le Sieur Joan Lucq de Hildebrand, Chevalier du S.t Empire, Conseiller et Architecte de S. M. Imp. et Cath.

L'interieur et Generalement tous les Ornements des appartements ont eté inventés et ordonnés par le Sieur Claude le Fort du Plessy, Conseiller de S. M. Imp. et Cath. et Lieutenant Colonel de la Navigation sur le Danube.

Les Jardins et toutes les Eaux ont eté inventés par le Sieur Girard, Inspecteur des Jardins de S. A. E. de Baviere, et mis en execution par le S.r Antoine Zinner, Directeur des Jardins de Son Altesse Serenissime Monseigneur le Prince Eugene de Savoye.

Le tout levé et designé sur le Lieu par le Sieur Salomon Kleiner, Ingenieur de Son Altesse Electorale de Mayence.

Et se trouvé a Augsbourg chez les Héritiers de feu Jeremie Wolff MDCCXXXI

Avec Privilege de Sa Majesté Imperiale et Cath.

Wunder würdiges Kriegs- und Siegs-Lager
deß unvergleichlichen Heldens unserer Zeiten.

oder

Eigentliche Vor und Abbildungen der Hoff-Lust- und Garten-Gebäude deß Durchlauchtigsten Fürstens und Herrn

EUGENII FRANCISCI

Herzogen zu Savoyen und Piemont, Margraffen zu Saluzzo, &c. Rittern des güldenen Flüsses, der Röm. Keiserl. und Königl. Cathol. Majest. würcklich geheimer und Conferenz-Rath, Hoff Kriegs-Rath-Præsidenten, General Lieutenant, wie auch dero und des Heil. Röm. Reichs-Feld-Marschall und Obrister über ein Regiment Dragoner, auch General Vicarius aller Ihrer Keiserl. und Königl. Cathol. Majest. in Italien bestehenden Erb-Königreich Fürstenthümern und Landen.

Erster Theil

bestehende in General-Grundrissen und Prospecten von dem Garten und dessen Gebäuden vor der Stadt Wienn.

in welchen das Gebäude auff geführet, Hr. Johann Lucas von Hildebrand, deß heil. Röm. Reichs Ritter, Keiserl. Rath und Hoff-Architect, die inwendige außzierung anordnete Hr. Claudius le fort du Plessy, Keiserl. Rath und Obrist-Schiff-Ambts-Lieutenant. Den Garten nebst denen Fontainen und Cascaden dirigierte Mr. Girard, Garten Inspector S.r Churfürstl. Durchl. in Bayern, wurde aber angelegt, durch Hr. Anthon Zinner, S.r Hochfürstl. Durchl. Printz Eugenii, Garten Inspector.

und nach dem Leben abgezeichnet, durch Hr. Salomon Kleiner, Chur Maynhischen Hoff-Ingenieur.

Augspurg in Verlegung Jeremias Wolffs seel. hinterlassenen Erben. MDCCXXXI.

Cum Gratia et Privilegio Sacr. Cæs. Majestatis.

Monseigneur

Depuisque le bras invincible de Vôtre Altesse Serenissime a erigé par tout et verstous les deux Hemispheres tant de Trophées et de monumens de ses Fameux Exploits, dont la Renomée annonce sans discontinuation à la Posterité la Grandeur, Elle a voulu, après s'etre delassée tres Glorieusement, de si merveilleuses fatigues, Faire voir à l'univers L'Excellence de Son Gout en elevant de beaux Palais, et en plantant des jardins delicieux. Mais parcequ'il n'arrive qu'à la moindre Partie des homes d'aller à Vienne et d'y regarder ces Batimens si magnifiques et si admirables, nous avons pris la Hardiesse pour suppleer à ce manque, et pour contribuer à l'eternité de leur Memoire d'en demander tres humblement à Son Altesse Seren.me les Desseins et les Vües et d'en mettre quelques uns au jour par le burin, mais qui plus est nous osons mettre à Ses piès les primices de cette entreprise, esperant qu'Elle ne dedaignera pas d'abaisser les yeux sur cet Ouvrage comencé, et de nous en Continuer gracieusement la Protection: Nous adressons nos voeux Ardens au Tout Puissant pour qu'il fasse toujours jouir à Vôtre Altesse Serenissime d'une Regence Comblée de toutes Sortes de bonheur et de prosperité à la plus grande Satisfaction de Sa Majesté Imperiale et Catholique, de même qu'au plus grand Contentement de tout l'Empire Romain, et de tous les Etats, dont le soin Elle a Confié à Vôtre Altesse Serenissime; La quelle ne dedaignera pas de recevoir favorablement les Sinceres Assurances de nôtre Soumission parfaite et du profond Respet avec le quel nous avons l'honneur d'etre,

Monseigneur
de Vôtre Altesse Serenissime

Les tres humbles et tres obeïssans Serviteurs
Les heritiers de Jeremie Wolff.

POLLENTI POTENTIQ. GENIO
EUGENII FRANC. SABAUDIAE PRINC. A. VEL. EQ.
IMP. CAES. CAROLI VI. MINISTRI PURPURATI, IN GERMANIA LEGATI, IN ITALIA VICARII ET EXERCITUUM DUCIS FELICISS.
CUJUS IMPERATORIAS VIRTUTES, QUIBUS INJURIAS REIP. CHRISTIANAE ULTUS EST,
REGIAMQ. MAGNIFICENTIAM ET GLORIAM MONUMENTA LOQUUNTUR.
Haered. ar. Wolff excud. A.V.
J.S. Sedelmayr inv. del. et sculp. Vienna.

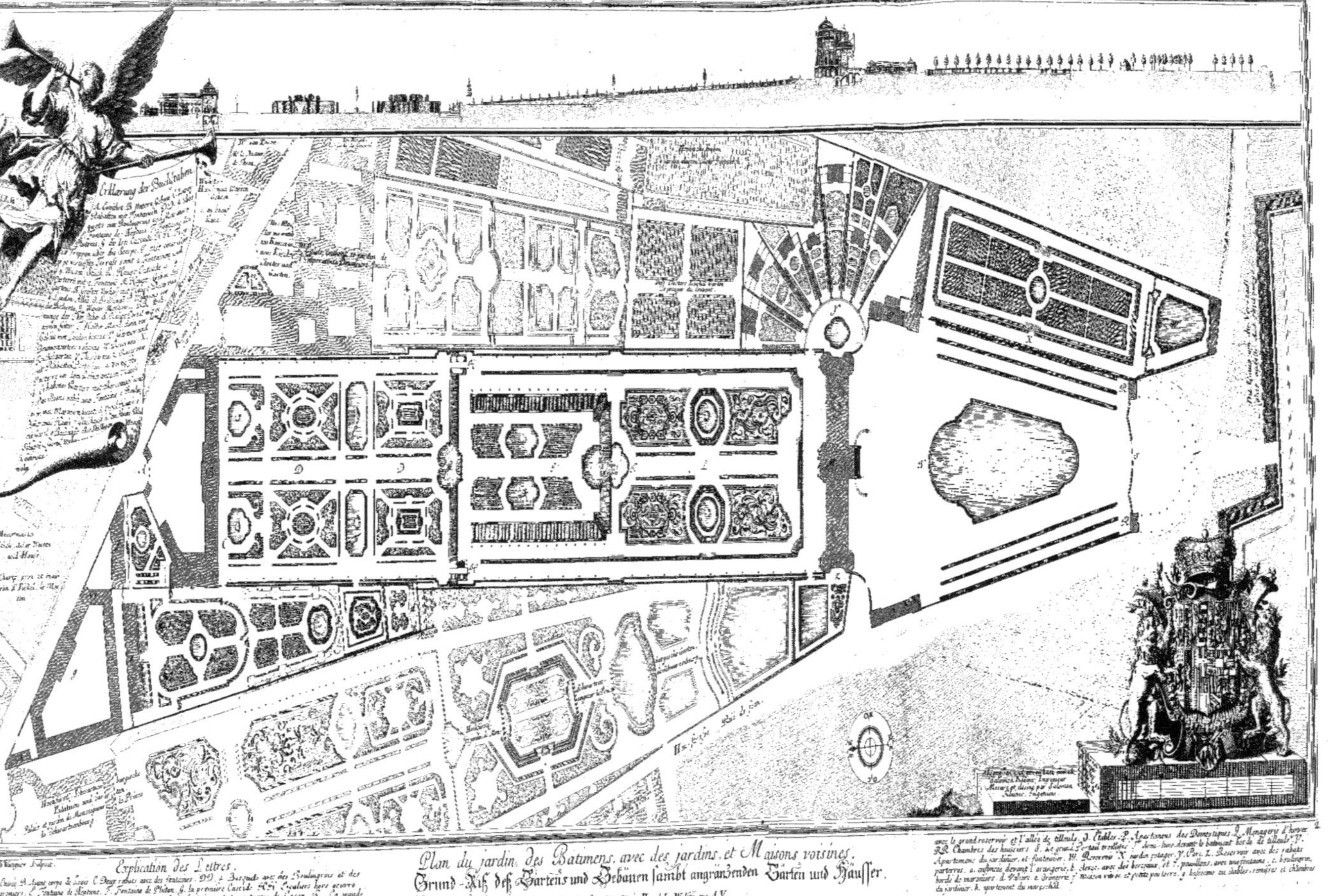

Explication des Lettres.
Plan du jardin, des Batimens, avec des jardins, et Maisons voisines.
Grund-Riß deß Gartens und Gebäuen sambt angränzenden Garten und Häußer.
Cum Pr. Sac. Cæs. Maj. Hærd. Ier Wolff. exc. A.V.
Jacob Wagner Sculpsit.
Erklärung der Buchstaben.

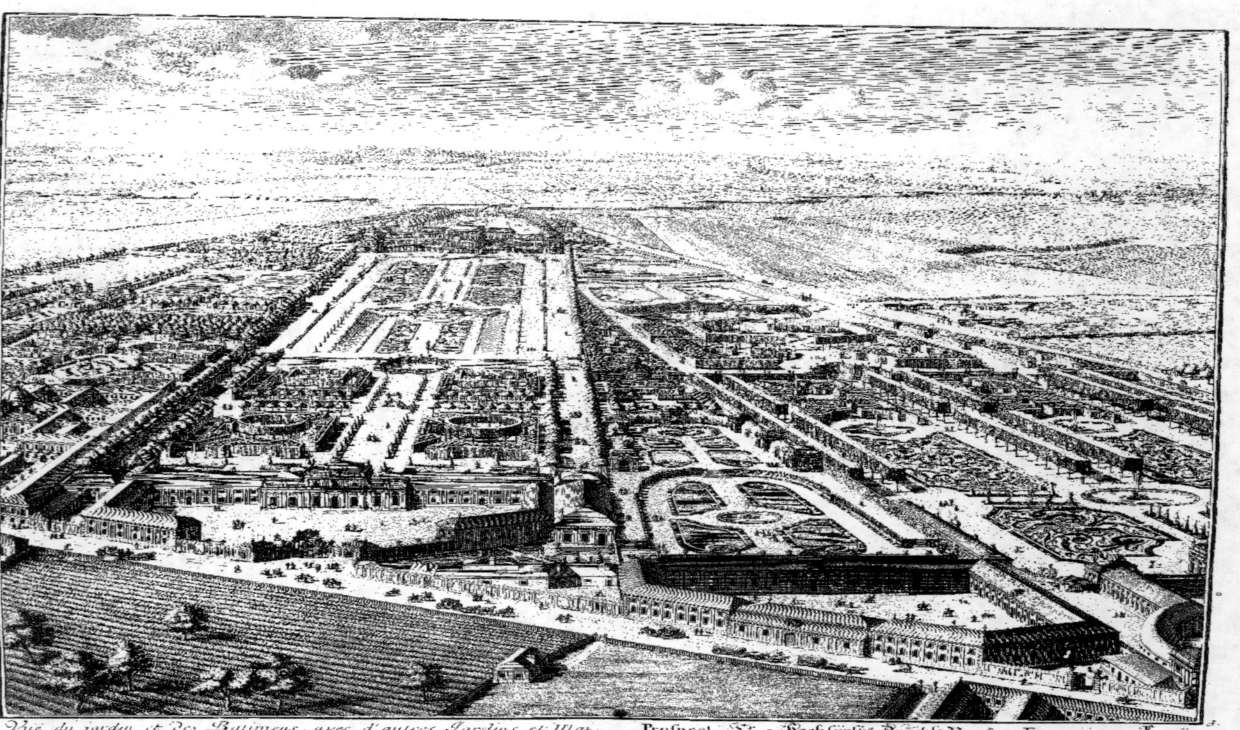

Vüe du jardin et des Batimens, avec d'autres Jardins et Maisons voisines, de Son A. Sme Monseigneur Le Prince Eugene
De Savoye.

Prospect Sr. Hochfürstl. Durchl. Printzens Eugeny von Savoy-
en, Garten und darzu gehörigen Gebäuden, sambt andern angränzenden Gärten und Häusser.

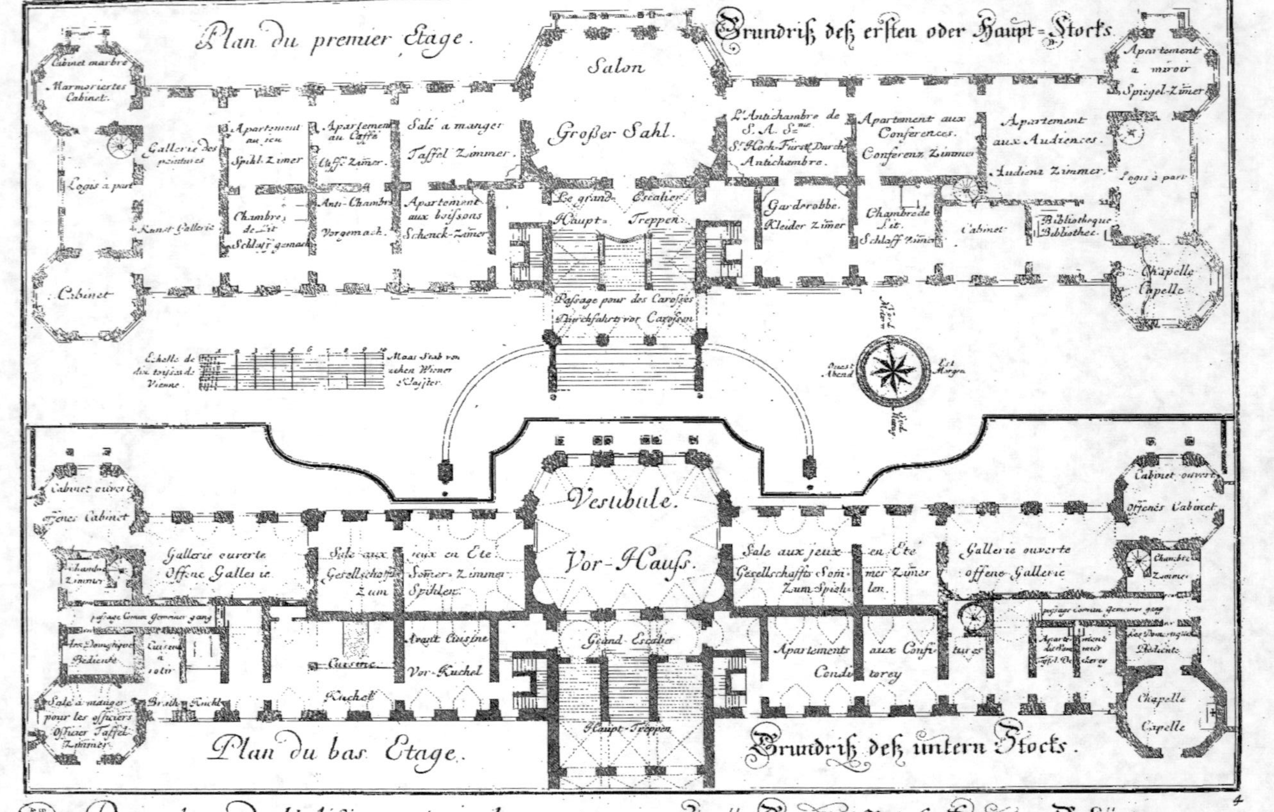

Plan du premier Etage.
Grundriß deß ersten oder Haupt=Stocks.
Cabinet marbre
Marmoriertes Cabinet.
Salon
Großer Sahl.
Apartement a miroir
Spiegel-Zimer.
Gallerie des peintures
Kunst-Gallerie
Logis a part
Apartement au jeu
Spihl-Zimer.
Apartement au Caffé
Caffé-Zimer.
Salé a manger
Taffel-Zimmer.
L'Antichambre de S. A. Sme
St Hoch-Fürstl Durchl Antichambre.
Apartement aux Conferences.
Conferenz-Zimmer.
Apartement aux Audiences.
Audienz-Zimmer.
Logis a part
Chambres de lit
Schlaff gemach
Anti-Chambre
Vorgemach.
Apartement aux boissons
Schenck-Zimer.
Le grand Escalier
Haupt-Treppen.
Gardrobbe.
Kleider-Zimer.
Chambre de lit.
Schlaff-Zimer.
Cabinet.
Bibliotheque
Bibliothec.
Cabinet
Chapelle
Capelle
Passage pour des Carosses
Durchfahrt vor Carossen.
Echelle de dix toises de Vienne.
Maas Stab von zehen Wiener Klaffter.
Ouest Abend
Est Morgen
Nord Mitern
Sud Mittag
Vestibule.
Vor-Hauß.
Cabinet ouvert
offenes Cabinet
Cabinet ouvert
Offenes Cabinet
Chambre Zimmer
Chambre Zimmer
Gallerie ouverte
Offene Gallerie
Sale aux jeux en Ete
Gesellschaffts Somer-Zimmer Zum Spihlen.
Sale aux jeux en Ete
Gesellschaffts Somer-Zimmer Zum Spihlen.
Gallerie ouverte
offene Gallerie
passage Comun Gemeiner gang
passage Comun Gemeiner gang
Ars Domestiqves Bediente
Cuisine a rotir
Cuisine
Avant Cuisine
Vor-Kuchel
Grand Escalier
Apartements aux Confitures
Condi torey
Apartements dles Vornemad Taffel Dechereu
les Domestiques Bediente
Sale a manger pour les officiers
Officier Taffel-Zimmer.
Brath-Kuchel
Kuchel
Haupt-Treppen.
Chapelle
Capelle
Plan du bas Etage.
Grundriß deß untern Stocks.
Deux plans de l'edifice principal.
Zwey Grundrisse deß Haupt Gebäudes.
Salomon Kleiner Ingen. del.
Cum Pr. Sac. Cæs. Maj.
Hæred. Ier. Wolffÿ exc. A. V.
Ioh. August Corvinus sculpsit.
4

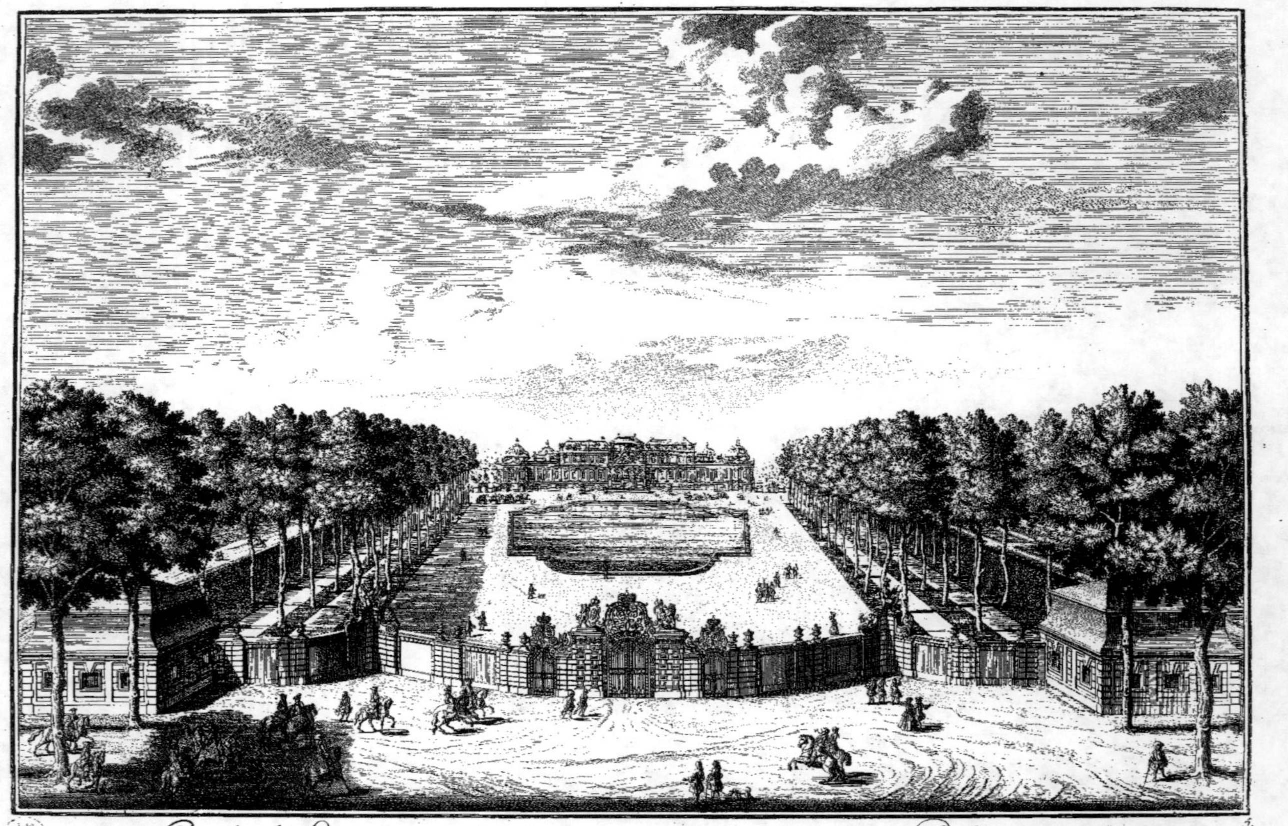

Vue de l'Entrée principale.   Prospect der Haupt Entrée.

Salomon Kleiner Ing. delin.   Cum Pr. Sac. Cæs. Maj. Hered. Ter. Wolffij exc. A.V.   Ioh. August Corvinus sculpsit.

Vuë de l'Edifice principal du coté du grand avant-cour.

Prospect deß Haupt-Gebäudes gegen dem großen Vorhoff.

Salomon Kleiner Ingen. delin.

Cum Pr. Sac. Cæs. May. Hæred. Ier. Wolfij exc. A.V.

Ioh. Aug. Corvinus sculps.

6

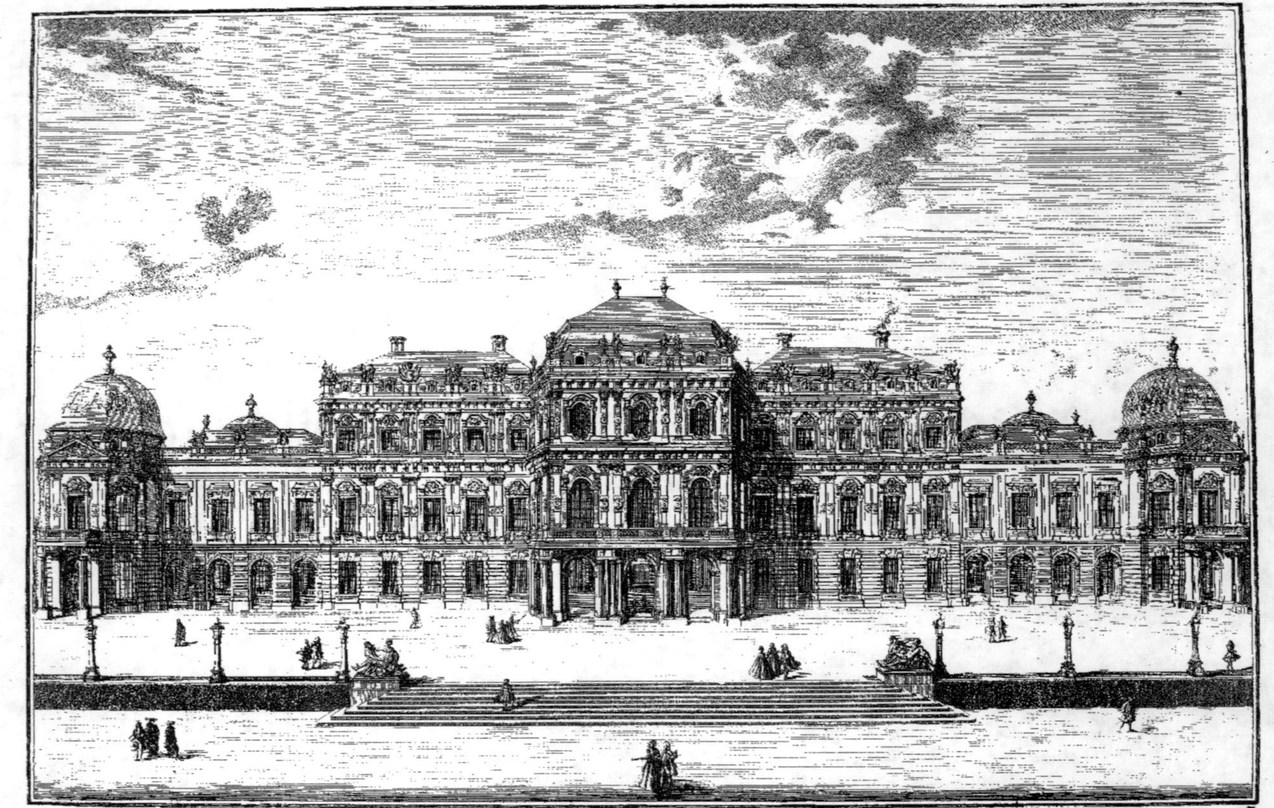

Vuë de l'Edifice principal du coté du jardin.

Prospect deß Haupt-Gebäu gegen dem Garten.

Salomon Kleiner Ingen. delin.   Cum Pr. Sac. Cæs. Maj. Hæred. Ier. Wolff. exc. A.V.   Ioh. Aug. Corvinus sculpsit.

Vue du grand Escalier.   Prospect der Haupt=Treppen.

Salomon Kleiner Ingen. delin.   Cum Pr. Sac. Cæs. Maj. Hæred. Ier Wolffg. exc. A.V.   Iacob Gottlieb Thelot sculpsit.

Vue du Salon magnisique marbré.   Prospect des magnifiquen marmornen Haupt Saahls.

www.ingramcontent.com/pod-product-compliance
Lightning Source LLC
LaVergne TN
LVHW012129170726
843501LV00008BC/3098